PAIDEIA
ÉDUCATION

ALFRED DE MUSSET

Les Caprices de Marianne

Analyse littéraire

© Paideia éducation.

22 rue Gabrielle Josserand - 93500 Pantin.

ISBN 978-2-7593-0369-4

Dépôt légal : Juin 2023

Impression Books on Demand GmbH

In de Tarpen 42

22848 Norderstedt, Allemagne

SOMMAIRE

• Biographie de Alfred de Musset 9

• Présentation des *Caprices de Marianne* 15

• Résumé de la pièce 19

• Les raisons du succès 25

• Les thèmes principaux 29

• Étude du mouvement littéraire 33

• Dans la même collection 37

BIOGRAPHIE DE
ALFRED DE MUSSET

Poète et dramaturge français, Alfred de Musset naît le 11 décembre 1810 à Paris, dans une famille aristocratique, passionnée par l'art et les lettres. Son grand-père était poète et son père, Victor-Donatien de Musset-Pathay, était un haut fonctionnaire, qui a édité bon nombre d'œuvres de Rousseau, dont la figure jouera un rôle primordial pour le jeune Alfred.

Ce dernier, alors tout juste âgé de neuf ans, entre au collège Henri IV, à Paris. Il y poursuit sa scolarité jusqu'au lycée, et remporte, en 1827, le deuxième prix de dissertation latine au concours général. La même année, il intègre « Le Cénacle » de Charles Nodier, salon littéraire à la Bibliothèque de l'Arsenal.

Après son baccalauréat, Alfred de Musset commence à suivre des études de médecine, de droit et de peinture, qu'il abandonne cependant, très rapidement en 1829, car il se passionne pour la littérature. C'est à la même période qu'il débute une vie de débauche, à la manière des dandys anglais.

Après une ballade intitulée *Un rêve*, et publiée en 1828 dans le journal *Le Provincial* à Dijon ainsi qu'un roman, *L'Anglais mangeur d'opium*, paru la même année et qui se veut être une adaptation de *Confessions of an English Opium Eater* de Thomas de Quincey, Musset rédige un premier recueil poétique en décembre 1829 ; *Contes d'Espagne et d'Italie*, qui lui vaut sa renommée. Vient ensuite une première comédie, *La Nuit Vénitienne*, en 1830, qui sera un échec cuisant et dont les représentations au Théâtre de l'Odéon seront rapidement interrompues.

Décidant d'abandonner la scène, Musset continue, cependant, de rédiger des pièces, qu'il fera publier dans *La Revue des Deux Mondes*, parmi lesquelles figurent *À quoi rêvent les jeunes filles ?* ou encore *La Coupe et les Lèvres*, et qui seront éditées en un seul volume au titre révélateur : *Spectacle dans un fauteuil*, dont la première livraison est prête en décembre 1832.

En juin 1833, Musset rencontre George Sand. Naît entre eux une relation amoureuse qui ne cessera d'être houleuse. La même année, ils partent ensemble pour l'Italie. Là-bas, George Sand souffre de dysenterie. Lorsqu'elle guérit, Musset tombe malade à son tour. La fréquentation du médecin de Musset, Pietro Pagello, conduira à la fin de l'histoire entre les deux amants, George Sand étant tombée amoureuse de ce dernier.

De retour à Paris, Musset, inspiré par son voyage en Italie et par sa rupture toute récente avec George Sand, rédige d'autres pièces, dont *Lorenzaccio* (1834), qui sera publié, avec d'autres œuvres, telles que *Les Caprices de Marianne* (1833), *Fantasio* (1834) ou encore *On ne badine pas avec l'amour* (1834), dans la deuxième livraison de Spectacle dans un fauteuil en avril 1834.

Musset continue de publier d'autres textes. Il rédige *Il ne faut jurer de rien* en 1836, *Un caprice* en 1837, ainsi que des nouvelles et un roman dont la tendance autobiographique est à peine cachée : *Confession d'un enfant du siècle* (1836). En outre, il compose, entre 1835 et 1837, une œuvre lyrique, *Les Nuits*, constituée de quatre poèmes et qui lui vaudra un franc succès.

Après sa rupture définitive avec George Sand en 1835, Alfred de Musset entretient plusieurs relations amoureuses, qui ne lui conviendront jamais totalement. Il continue de rédiger, en parallèle, de nombreuses pièces, qu'il se refuse toujours à mettre en scène.

En 1838, il est nommé bibliothécaire du ministère de l'Intérieur par le duc d'Orléans, dont il est un ami proche. Lorsque celui-ci meurt accidentellement en 1842 et qu'arrive la Révolution de 1848, Musset est révoqué de ses fonctions. Il sera de nouveau nommé bibliothécaire, au ministère de l'Instruction publique cette fois-ci, en 1853, sous le Second

Empire. L'écrivain devient également chevalier de la Légion d'honneur en 1845, la même année que Balzac, et est élu à l'Académie française en 1852, après deux échecs en 1848 et 1850.

En 1847, Madame Allan joue *Un caprice* à la Comédie-Française, qui rencontre un franc succès. Le public semble désormais prêt à accueillir Musset sur scène et à en apprécier le talent. Il s'agit d'un véritable tournant dans la carrière de l'auteur, qui va, pour la première fois depuis 1830, de nouveau faire jouer ses pièces. La même année, il s'attelle à la réécriture des *Caprices de Marianne*, définitivement non adaptés pour la représentation. Après de nombreuses modifications, la pièce sera jouée en 1851 au Théâtre de la République, et acclamée par un public conquis.

Dans les dernières années de sa vie, Musset n'est plus guère remarqué. Il produit peu, souffre d'une maladie cardiaque, et s'adonne sans compter à sa vie de dandy débauché qui l'a plongé dans l'alcoolisme. Il décède à Paris le 2 mai 1857 et est enterré au Cimetière du Père-Lachaise. Mais sa mort ne sonne pas le glas de son œuvre théâtrale et poétique. Tout au contraire, l'écrivain va acquérir une gloire posthume, grâce, notamment, au succès que connaîtront bon nombre des mises en scène de ses pièces, telles que *Lorenzaccio* au Théâtre de la Renaissance.

PRÉSENTATION DES CAPRICES DE MARIANNE

Après avoir subi un échec cuisant en 1830 avec sa pièce *La Nuit Vénitienne*, Musset se détourne de la scène et décide d'écrire des pièces de théâtre qui ne seront plus destinées à être représentées. C'est dans cette optique que sont rédigés *Les Caprices de Marianne*.

N'ayant pas pour dessein d'être jouée, la pièce paraît donc dans *La Revue des Deux Mondes*, le 15 mai 1833. Cependant, en 1847, sous l'impulsion de la comédienne Madame Allan, une représentation des *Caprices de Marianne* est donnée à la Comédie-Française. Acclamée par le public, la pièce n'est cependant pas conçue pour être jouée et doit être adaptée. Dès 1847, Musset s'attelle à cette tâche. Des scènes apparaissent, d'autres disparaissent. Certains personnages sont supprimés et l'écrivain fait de nombreuses concessions, notamment en redonnant une unité de lieu à son œuvre, afin que celle-ci puisse être jouée sur scène.

Le tout aboutira à une version très amplement remaniée, et qui sera jouée pour la première fois au Théâtre de la République le 14 juin 1851. Cette représentation marquera le début du succès de Musset.

RÉSUMÉ DE LA PIÈCE

Acte Premier

Scène première (Marianne, Ciuta, Claudio, Tibia, Cœlio, Octave)

Ciuta, une vieille femme, apprend à Marianne qu'un jeune homme nommé Cœlio l'aime. Cette dernière n'en a que faire et menace de tout révéler à son mari, s'il l'importune de nouveau.

Claudio, l'époux de Marianne, dit à Tibia, son valet, qu'il pense que sa femme à des amants, en raison des sérénades qu'il entend sous les fenêtres de celle-ci. Tibia en doute fortement car Marianne est reconnue dans tout Naples comme étant très vertueuse.

Cœlio souffre d'aimer Marianne en vain. Il révèle ses sentiments à son bon ami Octave, qui n'est autre que le cousin de Claudio. Ce dernier décide d'aller parler à Marianne afin d'aider son ami.

Octave rencontre Marianne. Il l'informe de nouveau de l'amour que Cœlio lui porte, et lui suggère d'en tenir compte car elle n'aime pas Claudio. Celle-ci n'accorde cependant, pas d'intérêt à ce qu'Octave lui dit.

Scène 2 (Hermia, plusieurs domestiques, Malvolio, Cœlio)

Hermia attend l'arrivée de son fils, Cœlio. Alors qu'ils discutent, Cœlio demande à sa mère de lui raconter comment son père est mort d'amour pour elle. Ce dernier avait été chargé par son ami Orsini d'aller révéler l'amour que ce dernier portait à Hermia. Cependant, celle-ci ne l'aimait pas. Hermia et le père de Cœlio sont tout de même, tombés amoureux l'un de l'autre, alors qu'Orsini était parti pour affaires durant un long moment. À son retour, Orsini, pensant que son ami l'avait trompé, s'est suicidé.

Scène 3 (Claudio, Tibia, Marianne)

Claudio informe Marianne qu'Octave est venu lui révéler l'amour que Cœlio porte à son épouse. Celle-ci demande à son mari de faire intervenir ses gens, afin que Cœlio ne l'importune plus. Cependant, Claudio a du mal à croire en la bonne vertu de sa femme et est persuadé qu'elle a un amant, car elle n'a pas voulu lui dire ce qu'elle avait répondu à Octave, lorsqu'il était allé la trouver un peu plus tôt.

Acte II

Scène première (Octave, Ciuta, Cœlio, Marianne, un garçon, Claudio)

Ciuta informe Octave que son ami Cœlio abandonne l'idée de gagner l'amour de Marianne. Octave ne souhaite pas en rester là, il veut aider son ami. Il va trouver Marianne et lui annonce que Cœlio en aime une autre, mais celle-ci n'en a que faire.
Alors qu'il discute avec son cousin Claudio dans une auberge, Octave découvre que Marianne l'a informé qu'un certain Cœlio l'aimait. Octave suggère à son ami d'oublier Marianne.
Lors d'une conversation avec Marianne, Octave la compare au vin, et lui dit par cette métaphore, combien elle est cruelle envers Cœlio.

Scène 2 (Cœlio, Ciuta)

Ciuta apprend à Cœlio qu'elle a aperçu Octave qui parlait

à Marianne, un peu plus tôt. Cœlio est heureux que son ami plaide autant sa cause auprès de celle qu'il aime.

Scène 3 (Claudio, Marianne, Octave)

Claudio a vu sa femme discuter avec Octave. Il croit qu'elle le trompe avec lui et lui interdit de le revoir. Celle-ci ne l'entend pas de cette manière. Alors qu'elle rencontre Octave, Marianne l'informe qu'elle souhaite prendre un amant mais que Cœlio lui déplaît. Elle préfèrerait secrètement s'offrir à Octave. Elle demande alors à Octave de lui envoyer un homme le soir même. Elle le reconnaîtra grâce au foulard qu'elle lui confie.

Scène 4 (Cœlio, un domestique, Octave)

Octave invite son ami à aller faire la cour à Marianne, avec le foulard qu'elle lui a confié. Alors que Cœlio est parti, Octave reçoit une lettre de Marianne qui l'informe que son mari a entouré la maison d'hommes prêts à le tuer et qu'il ne doit donc pas y aller le soir même. Comprenant que son ami Cœlio est en danger, il part le retrouver, espérant qu'il ne soit pas déjà trop tard.

Scène 5 (Claudio, deux spadassins, Tibia, Cœlio, Marianne, Octave)

Cœlio arrive chez Marianne. Claudio et ses hommes le guettent pour le tuer dès que l'occasion se présentera. Entendant Cœlio l'appeler, et pensant qu'il s'agit d'Octave qui vient pour être son amant, Marianne lui demande de s'enfuir avant que son mari ne le tue.
Cœlio entend Marianne l'appeler du nom d'Octave. Il

pense alors que son ami l'a trompé, au moment où Claudio et ses hommes l'attrapent.

Lorsqu'Octave arrive, il cherche à savoir auprès de Claudio où est passé son ami. Celui-ci lui répond qu'il n'en sait rien.

Scène 6 (Octave, Marianne)

Octave et Marianne sont auprès du tombeau de Cœlio. Octave se morfond d'avoir perdu un être si cher, imaginant qu'il a dû, dans ses derniers instants, penser que son ami l'avait trompé, alors que ce n'était pas le cas.

Marianne révèle à Octave qu'elle est amoureuse de lui. Mais il ne l'aime pas.

LES RAISONS
DU SUCCÈS

Le succès des *Caprices de Marianne* s'est fait en deux temps, étant donné la double réception de l'œuvre, publiée d'une part, puis jouée ensuite.

Avant que le texte ne soit publié dans *La Revue des Deux Mondes* en 1833, Paul de Musset, frère et biographe d'Alfred, fait part de la réaction de l'imprimeur au sujet de la pièce : « La première personne qui la lut sur des épreuves d'imprimerie en fut un peu effarouchée. Il ne faut pas s'en étonner. Cela ne ressemblait à rien. C'était de la quintessence d'esprit et de la fantaisie mêlée à un sujet passionné. » Cette originalité des *Caprices de Marianne* a clairement opposé deux clans à sa parution, l'un voyant la pièce d'un mauvais œil, l'autre reconnaissant le génie de Musset.

Lorsque la pièce est jouée pour la première fois en 1851, la critique est unanime et reflète les réactions d'un public enfin prêt à apprécier et à reconnaître le talent de Musset. Bon nombre de critiques favorables paraîtront dans la presse de l'époque. Ainsi, Saint-Victor saluera-t-il, dans *Le Pays*, « l'exquise perfection du langage, les merveilles de ce style si ferme et si fin [...] et l'agilité d'oiseau de ce dialogue ». Dans *La Patrie*, Premaray louera « le sentiment de la couleur, l'instinct de la perspective, le secret du mouvement scénique ». Enfin, Théophile Gautier, tout acquis à la cause de Musset, vantera, le 28 juin 1851 dans *La Presse*, « cette pièce conçue dans la liberté toute shakespearienne de la comédie romanesque ». Le succès des *Caprices de Marianne* se trouve ici, en effet. Musset développe une nouvelle dramaturgie avec cette pièce. Celle-ci, qu'il détourne des contraintes de son époque, rompt avec l'unité de lieu. Elle propose, en outre, de nombreux rebondissements, des quiproquos comiques, le tout dans une ambiance qui tend à s'obscurcir tout au long de la pièce, et qui aboutit au meurtre très shakespearien de Cœlio. Musset propose une pièce audacieuse, où les personnages mis en scène sont aussi divers et variés que les décors, où la vertu rencontre l'inconstance, conférant aux *Caprices de Marianne* une dimension avant-gardiste incontestable.

LES THÈMES
PRINCIPAUX

Un principe œdipien apparaît nettement dans *Les Caprices de Marianne*, notamment à travers les relations qu'entretiennent certains personnages. On peut tout d'abord mentionner le couple Marianne-Claudio. En effet, si ce dernier est l'époux de Marianne, il ne représente cependant pas uniquement la figure du mari. Leur différence d'âge, ainsi que le comportement de Claudio à l'égard de la jeune femme, impliquent un rapport père-fille dans leur relation. Faisant figure de père de substitution, Claudio souhaite imposer à Marianne de ne plus voir Octave. Mais celle-ci, comme un enfant qui refuserait une autorité paternelle arbitraire, désire transgresser les lois fixées par son époux en prenant un amant.

Les rapports entre Cœlio et sa mère Hermia relèvent, eux aussi, d'un principe œdipien. Lorsque cette dernière lui narre, une fois de plus, la manière dont elle est tombée amoureuse du père de Cœlio, meilleur ami d'Orsini qui la courtisait, son fils semble se projeter dans cette histoire. Marianne prend, en effet, le rôle d'Hermia et Cœlio devient l'amoureux éconduit, tel Orsini, au profit d'Octave, son meilleur ami. Cœlio cherche à reproduire, dans son présent, le drame familial qui mènera à sa mort, notamment parce qu'il ne différencie pas l'image de sa mère Hermia et celle de Marianne.

Les Caprices de Marianne sont également l'occasion d'introduire une libération de la parole féminine, principalement à travers le personnage de Marianne. Longtemps considérée comme la servante de l'homme, la femme avait d'importants devoirs vis-à-vis de son mari, qui ne lui offrait que peu de plaisirs et l'enfermait dans une représentation sociale moindre, voire inexistante.

La pièce a longtemps été considérée comme une guerre des sexes, notamment parce que, pour la première fois, un personnage féminin, Marianne en l'occurrence, osait parler d'amour sur scène. Mais non pas d'amour pour un mari ou pour un amant, comme Agnès le fait dans *L'École des femmes* de Molière. Pour la première fois, Musset met en scène une femme qui parle d'amour, au sens propre, et permettant ainsi de faire de la femme l'égale de l'homme. Tout comme celui-ci, la femme n'est donc plus, le temps de la pièce du moins, enfermée dans ce carcan social et juridique qui lui imposait d'obéir et de se taire. Elle aussi peut désormais parler de ses aspirations, et s'opposer s'il le faut, à la figure masculine. C'est bien le cas de Marianne, lorsqu'elle rejette l'interdiction imposée par Claudio de revoir Octave. C'est une quête d'identité qui est mise en place à travers le personnage de Marianne : la femme dévote, dont la vertu est partout reconnue, s'épanouit au cours de la pièce, pour devenir une femme à part entière, cédant à ses sentiments.

En ce sens, la pièce était très moderne pour l'époque, et reste, aujourd'hui encore, d'actualité.

ÉTUDE DU MOUVEMENT LITTÉRAIRE

Pour bien saisir l'enjeu des *Caprices de Marianne*, il faut incontestablement replacer l'œuvre dans son contexte littéraire, à savoir le Romantisme. Né en Allemagne et en Angleterre autour des années 1750, ce mouvement n'a cessé de se répandre dans toute l'Europe au XIXe siècle, et notamment en France.

En effet, de nombreux écrivains français nés dans les années 1820, tels que Baudelaire ou Flaubert, ont été marqués par le Romantisme de leur jeunesse. Et bien qu'il soit complexe de donner une définition précise de ce courant littéraire, il est tout de même possible d'en esquisser les principales caractéristiques.

Tout comme on peut le constater à la lecture des *Caprices de Marianne*, le Romantisme se manifeste par l'épanouissement du lyrisme personnel, et plus encore par l'exaltation du moi profond. L'expression des sentiments, et plus généralement la peinture des affres de la passion, deviennent les thèmes essentiels du Romantisme.

Valorisant l'imagination ainsi que la sensibilité, plutôt que la raison classique, ce courant implique une communion sans pareil avec la nature. Ainsi, bon nombre de descriptions dites « romantiques » de paysages deviendront le miroir de l'âme des écrivains et de leurs personnages, empreints du « mal du siècle ».

Le Romantisme est également l'occasion pour les écrivains de défendre la libération de l'art, engagée par la querelle des Anciens et des Modernes au XVIIe siècle et qui s'est poursuivie au XVIIIe siècle avec l'esprit des Lumières, en rejetant toujours davantage les règles de la tragédie antique : c'est la bataille d'*Hernani*, de Victor Hugo, jouée au Théâtre-Français en 1830, qui posera les règles du drame romantique.

En outre, la poésie peut s'exprimer à l'aide de la prose comme du vers, et désormais, plus aucun sujet n'est banni de ce genre. Et, plus largement, c'est l'art dans sa totalité qui sera marqué par le mouvement romantique : *Le Radeau de la Méduse* de Géricault (1819) sera un véritable manifeste du Romantisme et Chopin et Berlioz deviendront deux grands maîtres de la musique romantique.

D'autres pousseront l'expérience du Romantisme à l'extrême, ouvrant déjà la voie au symbolisme : on peut penser notamment au spleen baudelairien, qui est l'apogée du mal du siècle, dans *Les Fleurs du Mal* (1857).

Mais Musset n'est pas uniquement un romantique. Il a d'ailleurs lui-même cherché à s'en éloigner à plusieurs reprises, se reconnaissant parfois davantage dans le dandysme, dont il s'est imprégné des manières et dans lequel il aimait profiter des plaisirs de la vie.

Né en Angleterre au début du XIXe siècle, le dandysme n'a cessé d'accompagner le mouvement romantique en Europe, et s'est particulièrement développé en Angleterre et en France.

Le dandy représente un être à part, qui a sa propre singularité. Cherchant à se démarquer des autres et à vivre sa propre réalité, plutôt que celle imposée par la société, le dandy se reconnaît dans le luxe, même s'il n'en a pas les moyens.

Musset a trouvé dans ce courant le moyen d'exprimer sa différence, lui permettant d'assumer la dualité qui l'animait, ainsi que de laisser libre cours aux codes esthétiques qu'il appréciait.

DANS LA MÊME COLLECTION
(par ordre alphabétique)

- **Anonyme**, *La Farce de Maître Pathelin*
- **Anouilh**, *Antigone*
- **Aragon**, *Aurélien*
- **Aragon**, *Le Paysan de Paris*
- **Austen**, *Raison et Sentiments*
- **Balzac**, *Illusions perdues*
- **Balzac**, *La Femme de trente ans*
- **Balzac**, *Le Colonel Chabert*
- **Balzac**, *Le Lys dans la vallée*
- **Balzac**, *Le Père Goriot*
- **Barbey d'Aurevilly**, *L'Ensorcelée*
- **Barbey d'Aurevilly**, *Les Diaboliques*
- **Bataille**, *Ma mère*
- **Baudelaire**, *Les Fleurs du Mal*
- **Baudelaire**, *Petits poèmes en prose*
- **Beaumarchais**, *Le Barbier de Séville*
- **Beaumarchais**, *Le Mariage de Figaro*
- **Beauvoir**, *Mémoires d'une jeune fille rangée*
- **Beckett**, *Fin de partie*
- **Brecht**, *La Noce*
- **Brecht**, *La Résistible ascension d'Arturo Ui*
- **Brecht**, *Mère Courage et ses enfants*
- **Breton**, *Nadja*
- **Brontë**, *Jane Eyre*
- **Camus**, *L'Étranger*
- **Carroll**, *Alice au pays des merveilles*
- **Céline**, *Mort à crédit*
- **Céline**, *Voyage au bout de la nuit*

- **Chateaubriand**, *Atala*
- **Chateaubriand**, *René*
- **Chrétien de Troyes**, *Perceval*
- **Cocteau**, *Les Enfants terribles*
- **Colette**, *Le Blé en herbe*
- **Corneille**, *Le Cid*
- **Crébillon fils**, *Les Égarements du cœur et de l'esprit*
- **Defoe**, *Robinson Crusoé*
- **Dickens**, *Oliver Twist*
- **Du Bellay**, *Les Regrets*
- **Dumas**, *Henri III et sa cour*
- **Duras**, *L'Amant*
- **Duras**, *La Pluie d'été*
- **Duras**, *Un barrage contre le Pacifique*
- **Flaubert**, *Bouvard et Pécuchet*
- **Flaubert**, *L'Éducation sentimentale*
- **Flaubert**, *Madame Bovary*
- **Flaubert**, *Salammbô*
- **Gary**, *La Vie devant soi*
- **Giraudoux**, *Électre*
- **Giraudoux**, *La Guerre de Troie n'aura pas lieu*
- **Gogol**, *Le Mariage*
- **Homère**, *L'Odyssée*
- **Hugo**, *Hernani*
- **Hugo**, *Les Misérables*
- **Hugo**, *Notre-Dame de Paris*
- **Huxley**, *Le Meilleur des mondes*
- **Jaccottet**, *À la lumière d'hiver*
- **James**, *Une vie à Londres*
- **Jarry**, *Ubu roi*
- **Kafka**, *La Métamorphose*
- **Kerouac**, *Sur la route*
- **Kessel**, *Le Lion*

- **La Fayette**, *La Princesse de Clèves*
- **Le Clézio**, *Mondo et autres histoires*
- **Levi**, *Si c'est un homme*
- **London**, *Croc-Blanc*
- **London**, *L'Appel de la forêt*
- **Maupassant**, *Boule de suif*
- **Maupassant**, *Le Horla*
- **Maupassant**, *Une vie*
- **Molière**, *Amphitryon*
- **Molière**, *Dom Juan*
- **Molière**, *L'Avare*
- **Molière**, *Le Malade imaginaire*
- **Molière**, *Le Tartuffe*
- **Molière**, *Les Fourberies de Scapin*
- **Musset**, *Lorenzaccio*
- **Perec**, *La Disparition*
- **Perec**, *Les Choses*
- **Perrault**, *Contes*
- **Prévert**, *Paroles*
- **Prévost**, *Manon Lescaut*
- **Proust**, *À l'ombre des jeunes filles en fleurs*
- **Proust**, *Albertine disparue*
- **Proust**, *Du côté de chez Swann*
- **Proust**, *Le Côté de Guermantes*
- **Proust**, *Le Temps retrouvé*
- **Proust**, *Sodome et Gomorrhe*
- **Proust**, *Un amour de Swann*
- **Queneau**, *Exercices de style*
- **Quignard**, *Tous les matins du monde*
- **Rabelais**, *Gargantua*
- **Rabelais**, *Pantagruel*
- **Racine**, *Andromaque*
- **Racine**, *Bérénice*

- **Racine**, *Britannicus*
- **Racine**, *Phèdre*
- **Renard**, *Poil de carotte*
- **Rimbaud**, *Une saison en enfer*
- **Sagan**, *Bonjour tristesse*
- **Saint-Exupéry**, *Le Petit Prince*
- **Sarraute**, *Enfance*
- **Sarraute**, *Tropismes*
- **Sartre**, *Huis clos*
- **Sartre**, *La Nausée*
- **Senghor**, *La Belle histoire de Leuk-le-lièvre*
- **Shakespeare**, *Roméo et Juliette*
- **Steinbeck**, *Les Raisins de la colère*
- **Stendhal**, *La Chartreuse de Parme*
- **Stendhal**, *Le Rouge et le Noir*
- **Verlaine**, *Romances sans paroles*
- **Verne**, *Une ville flottante*
- **Verne**, *Voyage au centre de la Terre*
- **Vian**, *J'irai cracher sur vos tombes*
- **Vian**, *L'Arrache-cœur*
- **Vian**, *L'Écume des jours*
- **Voltaire**, *Candide*
- **Voltaire**, *Micromégas*
- **Zola**, *Au Bonheur des Dames*
- **Zola**, *Germinal*
- **Zola**, *L'Argent*
- **Zola**, *L'Assommoir*
- **Zola**, *La Bête humaine*
- **Zola**, *Nana*
- **Zola**, *Pot-Bouille*